W0049544

Strähne Zeit

13.7.13

Dem Schriftsteller
Jörg Magenau
mit herzlichem
Dank und in
Erinnerung an Ihre
Lesung aus Ihrem
Buch: „Brüder
unterm Sternenzelt"
am 13.7.2013
in Wilflingen
Ihr
Gunther Nickel

Gunther Klosinski

Strähne Zeit

Gedichte

Mit einer Einführung von Karl-Josef Kuschel

KLÖPFER&MEYER

Zur Einführung

Man trifft sie nur selten: Mehrfachbegabungen im Schnittfeld von Wissenschaft und Kunst. Gunther Klosinski ist eine von ihnen. Erstaunlich genug: Er ist ein wissenschaftlich und therapeutisch arbeitender und publizierender Kinder- und Jugendpsychiater und gleichzeitig ein Künstler eigenen Rechts. Bisher hatte er diese seine künstlerische Seite auf zwei Weisen öffentlich dokumentiert: durch »Aquarelle, Meditationsbilder, Collagen«, erschienen im Jahr 2000, durch »Photocollagen«, erschienen unter dem Titel »Innenwelt – Außenwelt« 2005 sowie »Christus und Buddha. Bilder und Meditationen« (2009 zusammen mit K.-J. Kuschel). Hinzu traten Publikationen zum Thema Kunst und Therapie. So war bisher schon eine außergewöhnliche Dreieckskonstellation entstanden: Fachpublikationen wie »Begutachtung in der Kinder- und Jugendpsychiatrie« oder »Pubertät heute«, gleichzeitig immer wieder neue Expeditionen in die Welt der Bilder und dazu wiederum gleichzeitig die Zusammenführung von Wissenschaft und Kunst in Reflexionsstücken wie »Möglichkeiten und Grenzen der Kunsttherapie bei pubertierenden Adoleszenten aus der Sicht des Jugendpsychiaters« oder »Die Kunsttherapie – ein Verfahren der Psychotherapie«.

Jetzt kommt eine vierte Dimension dazu. Wer so kreativ im Raum des Meditativen und Visuellen arbeitet, kennt der nicht auch Versuchungen im Raum des Sprachlichen, Versuchungen zu Versuchen mit Versen, Rhythmen, Reimen und Strophen? Wer so intensiv nach Ausdrucksmitteln durch Farben und Formen sucht, nach Experimenten in der Bild-

5

Kunst, reizen den nicht auch Experimente in der Wort-Kunst? Und doch ist das alles nicht selbstverständlich, was Gunther Klosinski uns als vierte Dimension seiner Arbeit präsentiert.

Ein erster Gedichtband erschien 2007 unter dem Titel *»Ein Händedruck der Zeit«* mit 58 Texten. Die Gedichtfolge war hier durch vier große Teile strukturiert worden, die mit Schlüsselworten gekennzeichnet sind: »Begegnung«, »Brechung«, »Überstieg«, »Seelenräume«. In diese Teile hinein waren zwölf Collagen gesetzt, so dass sich der Untertitel erklärt. *»Gedichte und Collagen«*. Dieses »und« sollte nicht als bloßes Additivum verstanden werden. Die Collagen waren nicht bloßes illustratives »Beiwerk« zu den Texten, die Gedichte nicht sprachliche Dechiffrierungen der Collagen. Das Besondere und Herausfordernde war die Gesamtkomposition, die ihre Leser und Betrachter herausfordert, selber Kommunikationslinien zu ziehen und so Zwiesprache zu versuchen nicht nur zwischen Text und Text, sondern auch zwischen Text und Bild. Die Chance besteht, die Sprach-Räume in andere Dimensionen hinein zu öffnen und so den Texten ein »noch mehr« an Bedeutung zu verschaffen. Umgekehrt besteht die Chance, die Komplexität der Bild-Räume bewusst zu machen. Kurz: Möglich werden wechselseitige Dialoge zwischen Bild und Wort. Das machte den Band im besten Sinn des Wortes *anspruchs-voll*. Verlangt ist der meditativ-geduldige und zugleich kreativ-reflexive Leser. Meditation versteht dieser Autor schon damals nicht als Versenkung ins Sprachlose, sondern als Einübung in die sprachliche Entzifferung der Rätselstruktur und Vieldeutigkeit der *conditio humana*.

Der jetzt vorgelegte Gedichtband vereinigt ca. 140 Gedichte in chronologischer Folge und bildet so einen repräsentativen Querschnitt durch das in Jahrzehnten gewachsene poetische Werk. Wer von den bloßen Titeln der Texte ausgeht, stößt auf eine zunächst verwirrend erscheinende Vielfalt von Perspektiven. Bei genauer Lektüre freilich werden Grundthemen sichtbar. Ein Thema ist die *Ausleuchtung des »Ich«* und damit der *komplexen Ich-Ich- sowie Ich-Du-Struktur*. Denn das Auffällige an diesen Texten sind nicht Motive wie Einsamkeit, Sehnsucht, Liebe, die zur traditionellen Grundausstattung lyrischen Sprechens gehören. Das Auffällige ist hier die Erfahrung einer Selbstverdopplung des Ich, einer Aufspaltung von Ich und Ich sowie die Erfahrung einer Verschränkung von Ich und Du. Zur Urerfahrung des Sprechers dieser Texte gehören seltene Momente des Ich mit sich selber. Schon das Auftaktgedicht *»Begegnung«*, das wie zart-hingetupft erscheint, gibt eindrucksvoll davon Zeugnis:

Ich bin mir mal begegnet
Ganz unauffällig und leis
Es hatte gerade geregnet
Getröpfelt
Soviel ich noch weiß

Ich wollte nur flüchtig betrachten
Nur wissen
Dass ich es sei
Da war ich schon verschwunden
Und stand doch eben noch dabei

Begegnungen also können auch scheitern. Das Ich kann sich auch entziehen, verschwinden. Man kann buchstäblich an sich selbst vorbeirauschen:

Ich und ich
Wir rauschen
An uns selbst vorbei
Ich und ich
Wir lauschen
Uns'rem Echoschrei

So im Gedicht »*Echo*«. Zugleich spitzt sich die Frage nach einer Verschränkbarkeit von Ich und Du zu. In dem Gedicht »*Ich habe Dich bleibend gesehen*« heißt es:

Es war ein Fragen
Um mein Sein in Dir

Verborgen gingst Du vorüber
Schweigen machte Dich Glauben
Ich hätte Dich belauscht

Es war ein Wissen
Um Dein Sein in mir

Ich habe Dich
Bleibend gesehen

Begegnungen also sind für diesen Autor nichts Harmloses, sondern setzen eine Dynamik frei, deren Richtung unkontrollierbar bleibt. Überhaupt leben vieler dieser Gedichte von einer Ästhetik des Augenblicks. Die »Stunde der Augenblicke«

wird beschworen, eine »Handvoll Zeit«. Man lese ein Gedicht wie »*Einen Augenblick lang*«, und man wird sinnlich-konkret erfahren, was für diesen Autor »Augen-Blicke« sind. Man lese ein Gedicht wie »*Fußspuren am Strand*« und man bekommt ein eindrückliches Bild für Flüchtigkeit, für schnellen Abschied, für den Pulsschlag der Zeit. Dabei werden diese Momente nicht wortreich und vollmundig beschworen. Der Ästhetik des Augenblicks entspricht eine Dramatik des Verstummens. Auffällig, wie häufig das »Schweigen« thematisiert wird: das Schweigen noch vor der Rede und das »große Schweigen danach«. Das »Schweigen und das Gegenschweigen«, wie es in dem Gedicht »*Im Wartegau*« heißt. Nehmen wir als Beispiel das Gedicht, das direkt diesen Titel trägt: »*Schweigen*«.

Auffällig die Angst in den Augen
Wenn Zwielicht Schatten spendet
Wenn die ermutigende Legende
Des Triumphes Siege feiert
Über den inneren Vorwand
Sich tiefer zu verbergen

Schweigen

Ungeborenes Kind
Hinter verschlossenen Lippen
Unendlich nah und doch fern
Gedoppelte Unendlichkeit
Verhalten in einem Augenblick
Rückverwandlung
Zum Kreis

Man kann an diesem Beispiel gut beobachten, wie dieser Autor formal arbeitet. Er nutzt die Möglichkeit von Zeilenbrüchen, und zwar so exzessiv, dass einzelne Zeilen nur noch aus einzelnen Worten bestehen. Es ist in der Tat etwas anderes, ob man wie üblich durchliest »Schweigen ungeborenes Kind hinter verschlossenen Lippen« oder durch die Zeilenbrüche zu Pausen gezwungen wird. Denn erst die mitkomponierten Pausen entschleunigen den gängigen Wortfluss, verlangsamen kalkuliert den Lese- und Sprechvorgang, so dass die Worte ausschwingen und nachhallen können. »Schweigen«: Zeilenbruch. Und erst durch ihn kann das Schweigen »hörbar« werden, erst durch Selbstunterbrechungen und Atemholen wird das Lesen wieder neu zum Nach-Denken über das soeben Gehörte. Das scheinbar Vertraute, Gängige bekommt Bedeutungsschwere. »*Gedanken*« – der Titel eines der Gedichte – werden frei und man spürt, dass in diesem Wort auch ein »Danke« mitschwingt für den Fall, dass man »nicht wäre«. Das Nichtsein hat so allen Schrecken verloren:

Wenn ich nicht wäre
Was wäre ich dann
Unendliche Leere
Ein stiller Gesang

Ein schwebendes Dunkel
Ein Hauch ohne Zeit
Ein Sternengefunkel
Der Ewigkeit

Formal auffällig aber ist zugleich der Verzicht des Autors auf jegliche Interpunktion in diesem und in sämtlichen anderen

Texten. Was erreicht er dadurch? Wird durch die Reduktion von Zeilen auf Kernworte und die exzessive Verwendung von Zeilenbrüchen ein Prozess der nach-denkenden Entschleunigung ausgelöst, ermöglicht der Verzicht auf Interpunktion ein Verfahren der Verlangsamung. Die Wortfolge wird ja nicht durch gängige Zeichensetzung in abgeschlossene Sinneinheiten gebracht. Die durch die Zeilenbrüche hergestellte Wortfolge wird vielmehr vielbezüglich, wird buchstäblich nach vorne und hinten anschlussfähig und damit sinnoffener. So kann in unserem Beispiel aus »Schweigen« die Zeile »Gedoppelte Unendlichkeit« als Bekräftigung der Zeile davor oder als Kontrast zur Zeile danach gelesen werden. Gunther Klosinskis Texte wollen auch ganz nüchtern als Ergebnisse einer Arbeit am Wort begriffen werden, als Produkte einer Wort-Kunst im besten Sinne des Wortes.

Andere Gedichte greifen nicht mehr auf subjektive Erfahrungen zurück, sind vielmehr Explorationen des »man«: die Freilegung allgemeiner Grundfragen menschlicher Existenz. Themen wie »Die Angst angeboren zu sein«, »Der Seele die Tore öffnen« oder »Der so verwundbare Mensch« drängen sich in den Vordergrund. Das ist inhaltlich keineswegs so harmlos wie die Titel sich anhören. »*Der so verwundbare Mensch*« zum Beispiel? Der Autor gibt sich keiner Schönrednerei hin:

Immer wieder Flucht
In die Heimat des Bürgerkriegs
Der so verwundbare Mensch
Der sich selber den Tod gibt
Weil er sich nackt weiß
Und seine Augen

Mit fremden Blicken
Erdolcht
Erlegt er sein Blut

Andere Texte werden noch deutlicher. Es kommt zu einer
Radikalisierung der Welt-Erfahrung, die auf konkrete poli-
tische Ereignisse reagiert: Völkermord, Raubtier Mensch,
Verwandlung der Erde in eine Hölle. »*Ruan – da und dort*«,
heißen solche Gedichte, »*Srebreniza ist überall*«, »Schauplätze«
entsetzlicher Massaker in den letzten Jahren, ob im Herzen
Afrikas oder im Herzen Europas. Das Gedicht »*Höllenhim-
mel*« steht für solche Themen:

Die Hölle
Kauft sich ein
Im Himmel
Die Hölle
Gräbt ihr Grab
Im Himmel
Der liebe Gott
Als Totengräber
Reitet auf einem
Schwarzen Schimmel

Der liebe Gott als Totengräber? Das lässt aufhorchen. Plötzlich
begegnen wir Leser in diesem Band auch religiösen Urworten
und Bildern, die der Apokalypse entlehnt sind. Plötzlich so-
gar ein Gedicht mit dem Titel »Gebet«:

Öffne die Hoffnung
Meiner Hand

Dass Leben sich bewege
Von Lippe zu Lippe
Liebe trage
Dass Stille sich höre
Von Ohr zu Ohr
Menschen sich sehen
Von Angesicht
Zu Angesicht

Dass wir stärker werden
Von Fall
Zu Fall

Wer wird hier angesprochen? Wer soll »öffnen«? Gott? Das
bleibt bewusst offen. Die Quelle der Hoffnung ist im Gedicht
ausgespart. Der Sprecher hütet sich vor einer allzu platten re-
ligiösen Eindeutigkeit. Er wahrt im Gedicht eine Grenze, die
der Dichtung angemessen ist.

   Wenn es aber Gott selber wäre, der durch geschichtliche
Katastrophen den Menschen massenhaft vernichtete? Wenn
Gott selbst nicht als Sinn, sondern als »Irrsinn« erschiene?
Es gibt in diesem Band theologisch kühne Texte, welche
die Gotteserfahrung radikalisieren. Was ist, wenn Gott un-
heimlich wird, wie ein »Dieb« einbricht, in seinem Zorn
maßlos wird? Ein Gott der »Sodom und Gomorrha, Hiro-
shima und Auschwitz« nicht verhindern konnte noch wollte?
Dann gilt das, was in dem Gedicht zum Ausdruck kommt,
das zu den theologisch Provokativsten gehört: »*Messias die
Erlösung der Welt überdenkend*«. Mit einer Zitaten-Kom-
bination eines Wortes aus dem Hebräerbrief (»Es ist furcht-

bar, in die Hände des lebendigen Gottes zu fallen«: Hebr 10, 31)
mit einem Warnwort aus dem Lukasevangelium über den Dieb
in der Nacht (Lk 12,39f./ Mt 24,43f.) beginnt das Gedicht:

Es ist furchtbar
In die Hände
Des lebendigen Gottes
Zu fallen
Der wie ein Dieb
In der Nacht kommt
Als Flut
Über die Welt der Gottlosen
Der gläubiger Teufel
Und sündiger Engel
Bedarf

Entscheidend ist nun, wie der Autor den »Messias« darauf
reagieren lässt, den Christus und Sohn Gottes. In buchstäb-
lich unerhörter Weise:

Sieh Dich vor
Verbirg Dich
Vor dem Zorn des Lammes
Sollte mein Vater
Ein Rächergott sein
Den ich erlösen muss

Was also muss der Messias »überdenken«? Offensichtlich
nicht nur, ob er der Erlöser der Menschen ist, sondern auch,
ob er nicht auch der Erlöser seines Gott-Vaters sein muss,
Erlöser von dem »Rächergott«, Erlöser von den Dimensionen

des Zorns und der Rache, die offensichtlich immer wieder in Gott zum Durchbruch kommen.

Insbesondere ein Gedicht ist von bisher im Oeuvre dieses Autors nicht gekannter Unerbittlichkeit im bohrenden Nachfragen. Schon in dem eingangs genannten Band »Christus und Buddha« von 2009 gibt es eine schonungslose bildliche Auseinandersetzung mit dem Thema »Kreuzigung«. Der Gekreuzigte (Jesus) und der Erwachte (Gautama) sind hier zu einem großen Kontrastpaar geworden. Jetzt bringt Gunther Klosinski *ins Wort*, was ihn angesichts des Gekreuzigten bewegt. Das Nachdenken darüber hat die Fassung der Fassungslosigkeit, die Rede hat die Form des Stammelns angesichts des schier Unbegreiflichen. Der Text »*Kreuzigung*« verzichtet auf ganze Sätze, gibt in jeder Zeile ein neues Stichwort zu alten und neuen »Erklärungen« des Geschehens, deren heterogene Fülle nur die Tatsache widerspiegelt, dass hier nichts zu »begreifen« ist:

Suizid Gottes
Versöhnung durch Selbstopfer
Unumstimmbar
Archaisch
Mystisch
Grausam
Erlittene Freiheit
Gottgewollte Hinrichtung
Heilswille
In lebensspendenden
Vollendeten Tod
Unwiderruflich
Unentbehrlich

Gottverlassener Gott
In gandenloser Liebe
Versunken

Gedichte als Such-Bewegung, als Sprachexperimente. Dieser Autor kennt die experimentellen Formen der modernen Poesie, so wie er die experimentellen Formen der modernen Kunst kennt. Er kennt die Anforderungen an heutige Sprach-Kunstwerke. Er hat gelernt, auf alles Überflüssige, Sprach-inflatorische, Sprachverfettete zu verzichten. Das Weiße, Ausgesparte, Unbeschriebene auf jeder Seite ist ihm so wichtig wie das durch Buchstaben Ausgefüllte, Wort-Besetzte. Die mitkomponierten Pausen sind bei ihm so entscheidend wie das Geschriebene und Gesprochene. Er ist nicht zufrieden, bevor er die Zeilen nicht bis zur Grenze des Verstehbaren verknappt und so verwesentlicht hat, um auf diese Weise ein Textgewebe herzustellen, das bewusst kalkuliert ein Mehrfaches an Sinnbezügen ermöglicht.

So ist jeder Text auf seine Weise die ver-dichtete Freilegung und nach-denkende Erschließung der eigentümlichen Rätsel-struktur menschlicher Existenz aus der Erfahrung der Ich-Ich-Spaltung, der Ich-Du-Dynamik, aber so, dass diese Rätsel-struktur nicht aufgelöst, sondern immer präziser beschrieben wird. Hier tritt kein rationalistischer Welt-Erklärer auf, kein verwissenschaftlichter Welt-Deuter. Hier schreibt jemand, der um die Masken und Rollen der Menschen weiß, der das Risiko des Menschseins kennt, aber nicht desillusioniert genug ist, um den Menschen fallen zu lassen.

Auffällig, dass der Verfasser, von Beruf Psychiater, in seinen literarischen Texten nicht von Psyche redet, sondern konstant von »Seele«. Aber man spürt, dass »Seele« hier nicht als Gegensatz zum »Körper« betrachtet wird. Dieser Autor ist nicht an alten Dualismen interessiert, sondern daran, ein neues Integral zu finden, das den Menschen zum Menschen macht. Das alte Wort »Seele« ist offensichtlich ein solches Integral von Erfahrung und Erlebnis, von Wissen und Weisheit, von Dynamik und Ruhe, von Reden und Schweigen – und gerade deshalb nicht »fassbar«. Einer der eindrücklichsten Texte des Bandes hat nicht zufällig den Titel »*Seele*«:

Beziehungswelle oder
Ego-Teilchen gleichermaßen
Sie gehorcht mehr den Gesetzen
Der Quantenmechanik
Als denen der klassischen Physik
Sie will sich in
Beziehungsmöglichkeiten
Ereignen
Die wahr werden wollen
Sich gelegentlich wie zufällig
Einfinden
Hin und Her gerissen zwischen
Suchen und Finden
Wurzelschlagen und Flucht

So kann nur der professionelle Seelen-Kundler sprechen. Der Arzt Gunther Klosinski hat daneben oft einen ganz elementaren Rat zu geben. Er weiß, Seelenkunde ist Lebenskunde, Seelenkenntnis ist Menschkenntnis:

Sei barmherzig mit Dir
Vergib dem bösen Blick
Den Du auf Dich wirfst
Halte stand
Erkenne
Dass Dein Lächeln
Wunder wirkt
Hin und wieder

So das Gedicht »*Hin und wieder*«.

Wie sagte doch Bert Brecht, der literarisch Vielerfahrene, einst über die Dicht-Kunst? »Alle Künste tragen bei zur größten aller Künste: der Lebenskunst«. Dass das auch für die Gedichte Gunther Klosinskis zutreffen möge, das zu erfahren, wünsche ich den Leserinnen und Lesern dieses Bandes.

Im März 2012   *Karl-Josef Kuschel*

STRÄHNE ZEIT

Begegnung

Ich bin mir mal begegnet
Ganz unauffällig und leis
Es hatte gerade geregnet
Getröpfelt
Soviel ich noch weiß

Ich wollte nur flüchtig betrachten
Nur wissen
Dass ich es sei
Da war ich schon verschwunden
Und stand doch eben noch dabei

Echo

Ich und ich
Vergaßen
Dass wir Brüder sind
Mich und mich
Verbindet
Heimweh
Stiller Wind

Ich und ich
Wir rauschen
An uns selbst vorbei
Ich und ich
Wir lauschen
Uns'rem Echoschrei

Aber ein Blick

Auch Dein Wegsehen
Hinterlässt Spuren
Und das Hinhören
Verstummt nicht

Aber Dein Blick
Trifft
Wie Erleuchtung
Sucht heim

Hält unser Echo
In Händen

Ich liebe die Strähne Zeit

Ich liebe die Strähne Zeit
In Gottes grauen Haaren
Ich liebe den Wind
Der kommt und geht
Ich liebe den Sturm
Der Liebe aus Liebe
Mit Deinem Atem verweht

Ode an ein Lächeln

Ein Lächeln
Das seinen Platz einnimmt
Unaufgefordert
Und doch
Erwartet

Ein Lächeln
Zwischen Mutter und Kind
Entsprungen dem Wunsch
Nach Offenbarung

Ein Lächeln
Ist ein Versprechen
Damit Einsicht einkehrt
Zwischen versammelter
Einsamkeit
Mitleid widerfährt
Zwischen den Menschen

Ein Lächeln

So lächelt Mona Lisa

Aufgebahrt
Auf den Masken der Welt
Schweigt sich ihr Lächeln
Langsam in die Leere
Und verblasst

So wie ein Lächeln hängt
Am aufgeworfenen Nichts
Und fällt
Ins tiefe Dunkel
Ohne Agonie
Ganz ohne Schmerz
So lächelt Mona Lisa

Erzähle mir eine Geschichte

Tausend und einen Tag lang
Geht die Sonne auf
Wie in einem Märchen
Aus der Wirklichkeit

In einer Stunde
Die bis zum Halse
Im Wasser steht
Lassen sich selbst
Schwere Hände
Mit Leichtigkeit falten

Erzähle mir eine Geschichte
Aus dem ältesten Testament
Wenn es Nacht werden will
Und die verhaltene Wut
Des Lichts
In der Dunkelheit
Wildert

Hoffnung auf bessere Tage
aus der Sicht einer abgehackten Hand

Lasst uns die Hoffnung
Aus dem Hinterhalt
Die Vernunft vernichtet
Zeichen und Wunder
An die niemand mehr glaubt

Lasst uns die Hoffnung
Auf den Fingerzeig
Der Körperloses
Geschmeidig hält

Lasst uns die Hoffnung
Auf das Übersinnliche
Unter Tage

Begreifen wir endlich
Die Qual
Die der Schmerz
Seinetwegen erduldet

Man wird das Netz werfen

Unter dem Schatten
Der Lüge
Eines lichten Tags
Wenn der Mond
Und die Sterne
Sonnescheinen

Wenn ein Fisch
Aus Nacht
In den Gewässern
Wahrheit
Dunkles findet
Schwarz umrandet
Das Tor
Der Tod
Die Masche
Der Welt
Dein Leben

Abschied

Nimm
Was Du nicht nehmen kannst
In beide Hände
Ergreife
Eine Handvoll Zeit
Und wirf sie in die Ferne
Vielleicht
Wer weiß
Erblühen einmal Sterne
Dort
Wo der Tag
Die Nacht
Umkreist

Um ein Menschenmeer
herzwärts zu wiegen

Innere Meerenge
In der Tiefsee des Seins
Überall immergrüne Wanderdünen
Aus Furcht
Staudamm gegen Gott

In den Hohlwegen
Zersprengter Liebe
Weitet nahes Nichts
Den leeren Raum

Der Schatten
Der Bruchlinie Gott
Schichtet Schuld
Voll von Angst
Vor dem Sein
Um den Tod

In der Kalmenzone
Der Zeit
Nistet Sturmflut
Und Flügelschlag
Um ein Menschenmeer
Herzwärts zu wiegen

Du atmest Pause

Letzte Zukunft
Wenn das Eigentliche der Welt
Auf Dich zukommt
Dieser Raum
In die Fremde gebaut
Selbst Schweres lichtet sich
Steigt aus der Zeit

Du atmest Pause
Tritt in den Herzraum
Angefülltes Schweigen
Nachtet Blut

Der Pulsschlag liegt
Erschlagen vor der Tür
Du atmest Pause
Ein
Und aus

In der ganz kurzen Zeit

Im Leben einer grünen Arabeske
Im heißer brennenden Kontrast
Schwarz-Weiß
Im Drehpunkt der Vorliebe Dur
Bis zur Verwundung offen
Für das Gewirk
Magischer Augenzeichen
Die Ausfahrt
Der Seele Herz
Ins Märchenmeer
Sargasso
Liebe

Einander die Sonne reichen

Den abgestreiften Schatten
Der aus dem Licht fällt
Himmelsturz
Unter den Baum
Der Erkenntnis
Jenseits
Von mir und Dir
Irgendwo weit

Niemals dürfen
Wir müde sein
Ineinander
Zu enden

Wenn etwas aufleuchtet

Wenn etwas aufleuchtet
Sich wie Sehnsucht
Aus der Rinde Brot
Des Hungers schält
Hoffnung windet und bebt

Wenn Weite sich über uns legt
Atem verbreitet
Und leise wächst
An der Seite des Seins

Wenn Gott lebt
Ein Wunder auszutragen
In die nächste Morgendämmerung
Welt

Dann schaue auf
Du
Der Du längst nicht mehr wartest
Am Abend
Wie sich Wunder entfernen
Untergehen im Meer
Leicht schwebend
In der Schwere des Seins

Wiederkehr

Tasten
Nach Gemeinschaft
Mit der Einsamkeit
In der Hand
Abschied halten

Zusammen
Weit weg sein
In der Nähe
Dichter Stunden
Weilen

Allein
Die Wiederkehr
Der Kreuzzug
Gegen das Runde
Im Kreis

Es war die Zeit

Es war die Zeit
Wo man Türen aufstieß
Und leere Räume verschwieg

Es war die Stunde
Der Augenblicke
Die die Zeit
Heftig umgreift
Und in Ewigkeiten
Zerspringt

Es war ruhig
Atemlos ruhig
Wie vor einem
Gewaltigen Sturm

Es ist gut

Aufzubrechen
Mit dem Flugsand
Der Fallfrucht Liebe
Fluchten abzuwiegen
In die Ausfallstraßen
Des Außer-Sich-Seins
Ohne Zeit

Wegweiser
Auf der Wallfahrt
Der Liebe
Ins All

Tot

Die sehr starke
Aussagekraft der Worte
Die noch hätten
Gesagt werden wollen
Das aufgepflanzte Schweigen
Das ins Jenseits flatterte
Heimholung der Fremde
Unterirdische Gedanken
Ungeborenes und Totes
Das wirr beieinander lag

Endlich der Entschluss
Einen Traum in der Mitte
Durchzubrechen

Der Krieg
Mit dem ewigen Frieden
Leben im Tod

Der so verwundbare Mensch

Immer wieder Flucht
In die Heimat des Bürgerkriegs
Der so verwundbare Mensch
Der sich selber den Tod gibt

Weil er sich nackt weiß
Und seine Augen
Mit fremden Blicken
Erdolcht
Erlegt er sein Blut

Junger Tiger

Es ist ein Zittern
Um die Brandung seines Bluts
Ein ewig ahnungsvoll
Umlebtes Sein
Sag
Wie viel Raum für Tod
Ist schon in ihm
Und wie viel Leben lang
Liegt Lust in seinem Leib
Begraben

Es ist ein Zittern
Um die Brandung seines Bluts

Vor dem Ende der Windstille

Zwischen Mitternacht
Und Sonnenfinsternis
Wurde es Wind

Das Hintergründige
Unter der Haut
Begann zu rascheln

Jeder Mann
Hielt den Atem an

Blind

Als der Blinde mich sah
Fragte er meine Augen
Nach Tränen
Heute geleite ich ihn
Während mein Blick
Sich noch müht
Die Antwort in Wege
Zu leiten

Ihn
Der meine Hand hält
Und sagt
Du weißt
Wohin

Jahreszeiten

Wolken
Wechseln sich in ihrer Einsamkeit
Über dem Frühling ab
Der sie wiederholen lässt
Weitergeht und stirbt

Die Sonne scheint
Um den Sommer herum
Wie um ein blühendes Grab
Das den Toten
Schatten spendet

Die Blätter verdecken im Fallen
Den Schrei der Farben
Der etwas vom verwesenden Geruch
Des Herbstes an sich hat

Die Kälte wärmt sich
An der Totenmutter
Der Winter fragt
Die Einsamkeit
Warum er schwanger ist

Einsicht

Was sich in mir sieht
Berührt Licht
Spricht Gewordenes frei
Schleudert Verhaftung ans Helle
Stößt sich an dem Verlangen
Überfallen zu werden
Gleitet zurück
Ins Leere
Wirkt

Ich habe Dich bleibend gesehen

Es war ein Fragen
Um mein Sein in Dir

Verborgen gingst Du vorüber
Schweigen machte Dich Glauben
Ich hätte Dich belauscht

Es war ein Wissen
Um Dein Sein in mir

Ich habe Dich
Bleibend gesehen

Schweigen

Auffällig die Angst in den Augen
Wenn Zwielicht Schatten spendet
Wenn die ermutigende Legende
Des Triumphes Siege feiert
Über den inneren Vorwand
Sich tiefer zu verbergen

Schweigen
Ungeborenes Kind
Hinter verschlossenen Lippen
Unendlich nah und doch fern
Gedoppelte Unendlichkeit
Verhalten in einem Augenblick
Rückverwandlung
Zum Kreis

Gebet

Öffne die Hoffnung
Meiner Hand
Dass Leben sich bewege
Von Lippe zu Lippe
Liebe trage
Dass Stille sich höre
Von Ohr zu Ohr
Menschen sich sehen
Von Angesicht
Zu Angesicht

Dass wir stärker werden
Von Fall
Zu Fall

Von Wahrheit zu Wahrheit

Es schweigt sich
Im Erwachen aus
Was auferstehen will
Geht mit der Sonne unter

Das Sterben
In eine neue Geburt
Altert nicht

Der Diebstahl
Der Wahrheit
Ereignet sich immer dann
Wenn ein Tropfen
Unwissenheit
Die Meerenge
Zwischen Augenlid
Und Wimper sprengt

Wenn in der Iris
Anderer Menschen
Dein Schmuckel mit Sünden
Auffällig leuchtet

Träume

Die Unendlichkeit
Der Träume
Unter der Rinde
Abgeschälten Daseins
Ist mit Leben angefeuchtet
Riecht wie Wirklichkeit
Vertrocknet nicht

Rückblick

Es ist kalt
An den Antipoden
Der Liebe
Liegt Nacht
In den Augen
Der Sterne

Fällt morgen
Ein Traum
Versteinert
Durch's Licht
So sind es
Tränen
Die glühen

Fest(e) Stellung

Jetzt ist es soweit
Um ein Ende zu setzen
Unabsehbar
Ist der Gedanke
Um ein Ende
Zu setzen dem Krieg
Fehlte der letzte Wille

Der schöpferische Puls
Im Wortschatz
Abgetrennter Bilder
Reicht nicht aus
Um Gegenstände
Zu begradigen
Deren Grenzen
Kreise sind

Aber das Herz
Bleibt stehen
In der Entfernung
Einer fremden Rose

Die Absicht der Liebe
In der Nähe
Stehender Gewässer
Wurzelt tief

Windstille
Vor der Niederkunft
Andersartiger Gedanken

Nachhall

Der abgeliebte
Steindruck
Deiner Lippen
Wiegt schwer

Schwer auch
Die Stunde
In Händen
Die Steine
Und Sterne
Begreifen

Heute noch
Hielten sich
Ebbe und Flut
Einander die Waage

Und morgen

Rätsel

Nach langem Suchen
Dachte ich
Das Finden
Einen Schritt weiter
Nach Endlos
Habe ich Dich geliebt

Vergangenes

Auf den Hinterhöfen
Altverwarteter Tage
Liegen aufgebrochen
Räume
Mundschrei offen
Auf schwelender Zeit

Zerbrochen
In Ursprung und Asche
Ohne Trauer entleert
Abgetropfte Sterne
Einer Wunderwelt

Die Empfängnis der Angst
vor der Liebe

Vielleicht
Dass man hineingestellt
In den brennenden Willen
Der Ohnmacht Liebe
Den Atem der Asche
Zischen hört

Vielleicht auch
Dass im Anblick
Der Nähe unserer Fremde
Die Angst schreit
Aus Angst
Im Feuer uns'rer
Unberührten Trennung
Werde sie verglühn

Ruan – da und dort

In der Mitte
Unserer Seelen
Wehst Du
Nacht-Tag
Tief-Tod
Bald
Mit dem Wechsel
Des Frühlings
Knospen Schatten
Grünt Blut
Menschen
Herzen sich
Wie Mai
Zwischen
Zersprengten Adern
Die blauen zerstümmelt
Den Himmel rot
Blühen gemeinsam
Tag-Nacht
Tief-Tod

Srebreniza ist überall

Die die sie nicht kennen
Sind ihre Brüder
Die die sie kennen
Sind ihnen fremd
Sie befinden sich
In der Fremde
Und auf der Suche
Nach ihren Brüdern

Immer der Liebe entlang
Laufen sie
Getreu dem Schlachtruf
Ihrer rechten Hand
Einen Blumenstrauß
Voller Enttäuschungen
In der Linken

Worauf warten sie
Vergisssmeinnichte
Mit Dornen durchwirkt
Welken nicht

Höllenhimmel

Die Hölle
Kauft sich ein
Im Himmel
Die Hölle
Gräbt ihr Grab
Im Himmel
Der Liebe Gott
Als Totengräber
Reitet auf einem
Schwarzen Schimmel

Kinderreim

Sternenraureif
Roter Schnee
Träume bluten
Blütenweh

Große Augen
Blauen weit
Zwischen Blumen
Einsamkeit

Alles braucht seine Zeit

Alles braucht seine Zeit
Liebe und Gegenliebe
Die unterkühlte Lust
Zu leben
Das Wunder
Auf den feuchten Lippen
Liebe
Gottes Götze
Schweigen

Alles
Das zurückgebogene Ende
Des Schmerzes und die
Weise Beschleunigung
Einer neuen Wahrheit

Der Zeit voraus

Gehen wir schlafen
Mit dem großen Zeiger
Unserer Uhr
Träumen wir
Von den Leuchtziffern
Verpasster Gelegenheiten
Von Stunden
Die zu spät schlugen
Weil sie nicht rechtzeitig
Geweckt wurden
Vom Feueralarm
Hinter dem Wetterleuchten

Im Nachhinein sind wir
Der Zeit voraus

Abschied

Nimm
Was Du nicht
Nehmen kannst
In beide Hände
Ergreife
Eine Handvoll Zeit
Und wirf sie
In die Ferne
Vielleicht
Wer weiß
Erblühen
Einmal Sterne
Dort
Wo der Tag
Die Nacht
Umkreist

Aber die Zeit

Die Zeit
Verwehrt
Dem Vergänglichen
Einsicht
Verleitet
Zur Einkehr
Bei Freunden
Die ausgezogen sind
Um ihr Verschollensein
Zu finden

Aber die Zeit
Ist Zeuge
Unserer Suche
Nach dem goldenen Vlies
Nach der verlorenen Zeit
Von Augenblick
Zu Augenblick
In Ewigkeit

Warten

Nicht auf Godot warten
Im Bethaus Zeit zählen
Abrechnen
Mit Gott und der Welt
Dem Heimatlosen
Die Fremde auslöschen
Nacht durchsichtig beten
Damit Licht
Aus unserer Sehnsucht fällt
Und brennt

Beinahe-Aha-Erlebnis
eines Molekularbiologen

Über das Protoplasma der Liebe
Lässt sich streiten
Ihre Wirkweise hingegen
Scheint programmiert zu sein

Ich kann mir nicht vorstellen
Dass die Struktur des Abendrots
Und die des Schamgefühls
Gänzlich voneinander verschieden sind

Erkenntnis

Tief unten
Auf der Unterseite
Der Liebe
Im Geäst
Heimatloser Gedanken
Blühen die Wurzeln
Im Kreis

Aufstand der Fantasie

Ein Traum fällt ein
Ein inhaltsschwerer Rahmen
Unberührter Bilder schreckt ihn auf
Ziel ist die Zukunft
Unaussprechlicher Gedanken
Der Kampf der Regenwolken
Mit dem Durst verwelkter Blumen
Wogend und wurzelnd tief
In den Gefühlen roter Dornen

Er formt sich sprachlos betend
Einen Rosenkranz
Glaubt an
Hält fest
Die Wahrheit seiner
Ausgebrannten Illusion

Weine nicht

Manchmal ahne ich
Wie das Glück
Deinen Namen nennt
Wie die Erinnerung
An Liebe
In der Luft
Erzittert
Wie Treibeis schmilzt
Auf der versunk'nen Sonne
Fährt Dein Seelenfahrer
Suchen
Finden
Dämmert Herz

Warum ich an Dich denke

Ist es meine Sonne
Die weint
Oder Deine
Sonnenblume
Oder ein Wind
Der mein Gesicht
Mit Deinen Händen
Streift

Die Angst angeboren zu sein

Aufgerollt
Der rote Faden
Am Anfang
Der das Ende
Schuldig blieb

Die Angst
Angeboren zu sein
Ohne sterben zu können

Ein und dasselbe

Lege Deine Hände
In die Wundmalen
Der Zeit
Halte stand
Begreife
Das Wunderbare
Einer Narbe
Beides
Der endliche Tod
Und der Anfang
Der sich am Ende verjüngt
Ein und dasselbe

Ein Wunder bekämpfen

In einem Tempel in uns
Ein Wunder bekämpfen
In einem windstillen Raum
Voller Lichtsturm
Erblinden
Mit den Blicken
Der Augen der Toten
Wollen wir kämpfen
Fern fortverloren im Staub
Abgeschmerzt
Im Suchen nach Welt
Uferlos
Ein Wunder bekämpfen
Einen Tempel bauen
Aus abgelebtem Entsetzen
Aus Angst
Vor dem Außer-Sich-Sein
Innerer Grenzen

Aus gutem Grund

Mit gutem Recht reden
Oder schweigen
Über schlechte Gründe

Mit gutem Recht schweigen
Über schlechte Reden
Aus gutem Grund

Wahrheiten

Zwei Gegensätze
Mit dem Rücken
Fest aneinander gebunden
Ziehen sich an

Aber das Rätsel
Das eine Lösung erfindet
Gibt sich den Tod

Wenn es Jüngster Tag werden will

Wenn es jüngster Tag werden will
Nach ausgetrocknetem Weinen
Das den Staub des Alltags
Von der Seele wäscht

Wenn es jüngster Tag werden will
Zwischen Entsagung
Die alles empfängt
Um der Lüge Willen
Die uns die Wahrheit
Erkennen lässt

Wenn es jüngster Tag werden will
Draußen vor der Tür
Ein entliehenes Ohr lauschend
In stummer Muttersprache
Nach unerlässlicher Sünde
Die vergeben werden will

Wenn es jüngster Tag wird
Hinter dem Dunkel
Ältester Nacht

Spiegelbild
Oder Originalfälschung

Von sich selbst verschieden
Und mit anderen gleich
Auf Du und Du
Vertraut zu sein
Sich selbst zu täuschen
Im anderen
Ohne zu bemerken
Ob die Fälschung das Original
Oder das Original
Die Fälschung ist

Geschenk

Dich so zu sehen
Wie Dich Gott gemeint hat
Solange Du Dich selbst
Ertragen kannst
Im zugefall'nen Glück
Im freien Fall
Selbst zugefügten Leids
Im Glauben
An den Irrsinn
Des Lebens
Der Sinn macht

Im Glauben
Dass die Offenbarung
Deine Bürde sei
Dein Kampf
Gegen eine innere Stimme
Die vorlaut wird
Um den gerechten Frieden
Einzufordern
Im heiligen Krieg
Gegen Dich selbst
Dich zu begreifen
Als Geschenk

Das große Schweigen
Danach

Schweigen
Wenn man gerade
Noch geredet hat
Wortbruch
Wenn Unaussprechliches
Als Echo verhallt
Wofür es keine
Übersetzung gibt
Entsetzen
Das die Besinnung nimmt
Versäumtes verwahrt
Erreichbares zerbricht
Das kleine Schweigen
Dazwischen
Das entzweit
Lautloser Ruf
Der fürbittend
Kreise zieht

Der Seele die Tore öffnen

Einlass in Innerstes gewähren
Äußerstes wagen
Fürsprechen für Abgesagtes
Fürbitten für Verborgenes
Inneres Sein
Bei sich sein
Der Seele zuliebe
Außer sich sein
Lichtblicke
Ins Abseits werfen
Versäumtem auflauern
Wortbrüche verbinden
Im Netzwerk
Gord'scher Knoten
Schweigen durchbrechen

Den verlängerten Schatten
Unseres Zwielichts
Einfrieden
Den Seelen zuliebe

Aufruf zum Seelenleben

Suche Deine Seele
Frage nicht
Wo sie wohnt

Suche Deine Seele
Im Spross der Sanftmut
In der Überwindung des Zorns

Suche Deine Seele
Lasse nicht ab
Bis sie sich finden lässt

Suche meine Seele
Um meiner Schwäche willen
Zeige Großmut
Mit unseren Ängsten

Suche unsere Seelen
Erweise uns die Gunst
Den Anfang im Ende
Und das Ende im Anfang
Zu erkennen

Seelische Bedingungen

Wo äußeres Lärmen herrscht
Verstummt inneres Reden

Wo äußere Stille weilt
Tropfen Gedanken ab

Womit der Weg beginnt

Mit der letzten Stufe
Oder
Eine Treppe endet nie
Mit der letzten Stufe
Womit der Weg beginnt
Oder
Eine Treppe
Endet

Gedanken

Wenn ich nicht wäre
Was wäre ich dann
Unendliche Leere
Ein stiller Gesang

Ein schwebendes Dunkel
Ein Hauch ohne Zeit
Ein Sternengefunkel
Der Ewigkeit

Nachlass und Teilhabe

Nicht
Oder doch
In Abrede stellen
Dass es ein Versprechen gibt
Auf Nachlass
Im Sterben
Nachbereitung
Von Sein
Gewesen sein
Vorbereitung
Letzter Sinn
Auf Vergebung
Und Erbarmen
Vorsehung
Oder Erfindung

Buddha
Jesus
Mohammed
Sie haben nichts geschrieben
Nichts verschrieben
Alles gesagt
Geteilt
Mitgeteilt
Mit uns geteilt

Hoffnung auf Widerhall

Sinn des Lebens
Der nicht mehr
Auf der Hand liegt
Zwischen den Fingern zerrinnt
Der aufgehört hat
Sich selbst zu offenbaren
Verlorene Unschuld
Vertreibung aus dem Paradies
Ohne Widerruf
Nicht mehr
Entrinnen können
Dem Echo
Beraubt
Gewesen
Sein

Zumutung

Der Reigen von Sein
Und Nichtsein
Fremdheit des Lebens
Sich selbst gegenüber
Verlorener Zugriff
Auf Dich selbst
Verbundenheit
Mit allem Getier
Das zertreten
Und gefressen wird
Wissen um
Ein Nichtwissen
Danach
Zumutung
Niedergang von
Ersonnenem

Hoffnung

Hoffen
Dabei zu sein
Wenn die Wette
Auf das Leben
Eingelöst wird
Erwartung
Die sich der
Hoffnung beugt
Heimsuchung
Des Glücks
Durch Gnade

Liebe am Ende

Null und
Nichtigerklärung
Deiner Lebensversicherung
Aufnahme
In ein Niemandsland
Ende einer Irrfahrt
Mit dem Ziel
Der Sorge um Dich selbst
Und um die anderen
Enthoben zu sein
Ablass von dem
Was war und ist

Aber die Liebe
Ihr Ansinnen
Bleibt unsterblich

Anfangen und Aufhören

Einmal
Auf die Frage
Nach Dir selbst
Antworten
Ein für allemal
Anfangen
Rede und Antwort
Stehen
Untertan sein
Dem Gespräch
Mit der Seele
Raum geben
Grund und Abgrund
Zugleich
Nicht ohne den anderen
Denken
Wissen
Dass der andere
Nicht für Dich
Atmen
Nicht für Dich
Sterben kann
Aufhören
Zu glauben
Dass Du ohne
Die anderen
Leben und
Lieben kannst

Zeit wenden

Im Rückgriff auf Zukunft
Gegenwart schmälern
Im Vorgriff auf gestern
Gegenwart weiten
Im Rückgriff auf gestern
Zukunft entgrenzen
Im Vorgriff auf morgen
Heute ablegen
Was gestern und morgen verbleicht

Verordnete Begehrlichkeit

Aufkommendes
Gespür für Dinge
Die abwesend sind
Die Faszination
Neuer Dinge
Die da sind
Überraschend
Hinzugefügt
Wundersame Dinge
Die in sind
Die Glauben
Machen wollen
Dass wir sie
Besitzen sollen

Mutterunser

Mutterunser auf Erden
Bewahret werde Dein Leib
Deine Kinder schenke sie uns
Unsere Kinder sind Dein
Dein Wille geschehe
Auf Erden im Wasser
Und in der Luft
Unser tägliches Brot gib uns heute
Jetzt und immerdar
Und vergib uns unsere Schuld
Wie auch wir versuchen zu vergeben denen
Die sich an Dir vergreifen
Und führe uns nicht in Selbstsucht
Sondern bewahre uns vor Raubbau
Und Maßlosigkeit an Dir
Denn Dein ist unsere Welt
Und die Kraft und alles Leben
Bis hin zu Deiner Endlichkeit
Amen

Liebe

Wenn Hoffnung
Heim sucht
Zweifel abmahnt
Sich finden lassen möchte
Widerwillen
Glauben
Machen will
Es sei vollbracht
Was nie vollendet
Nimmer enden möchte
Liebe

Leben

Im Leben
Der Welt
Wurzeln
Wuchern
Für wahr nehmen
Die Wirkmacht
Eines Wunders
Das uns näher ist
Als wir uns selbst
Ergreifen wollen
Was uns schon
Ergriffen hat
Leben

Klartraum

Es kann kein Zweifel sein
Dass jeder seine
Weltformel erträumt
In der Hoffnung
Und im Glauben
Alle Wirklichkeit
Sei greifbar
Unhintergehbar
Diesseitig
Vom Jenseits getrennt
Als wahrer Traum
Im Traum
Wunder sein

Einkehren
Innehalten
Einhalten
Aushalten

Ausgehalten werden
Im freien Fall
Heimkehren
Ohne Widerwillen
Lautlos loslassen
Wunder sein

Anschlag

Hell werden im Geist
Das Rätsel von Welt
Gott und Natur
Nicht unangetastet lassen
Dem Blick auf die Sphinx
Standhalten wollen
Erkennen dass Zukunft
Einlass verlangt
Ohne anzuklopfen
Bei mir und Dir
Überall irgendwo
Dort wo die Wahrheit
Wächst wütet und welkt
Wo Sterben gegenwärtig ist
Dem Nachbarn
Dein Ohr leihen
Um Sinnvolles zu hören
Das Du Dir selbst
Nicht zu sagen traust
Im Verlangen nach
Übersichtlichkeit
Gott ganz weglassen

Seele

Beziehungswelle oder
Ego-Teilchen gleichermaßen
Sie gehorcht mehr den Gesetzen
Der Quantenmechanik
Als denen der klassischen Physik
Sie will sich in
Beziehungsmöglichkeiten
Ereignen
Die wahr werden wollen
Sich gelegentlich wie zufällig
Einfinden
Hin und Her gerissen zwischen
Suchen und Finden
Wurzelschlagen und Flucht

Du in mir
Und ich in Dir

Wenn Hoffnung
Heimsucht
Zweifel abmahnt
Um sich
Finden zu lassen
Bin ich
In Dir

Gehen

Den Anfang
Des Wegs
Von seinem Ende
Her gehen
Leichtflüchtig
Und leis
Dem zurückgeworfenen Echo
Enteilen
Zum Abschiednehmen
Kommen
Zurücklassen
Zum Heimholen
Gehen
Wieder gegangen
Werden

Wellen

Wellen
Die Dich tragen
Von Leben umspült
Hinweis
Auf Wandlung
Wellen
Die Dich brechen
Vom Auslauf bedroht
In die Knie zwingen
Wellen
Die Zeugnis ablegen
Immer wieder neu
Endlich zu sein
Endlos

.

Hoffen

Hoffen
Dabei zu sein
Warten
Auf Leben
Vor Ort
Das ruft

Hoffen
Dem Tod
Ein Leben
Danach
Zu entreißen
Bangen

Hoffen
Neues zu
Erfahren
Am Ende

Hoffen
Über der Endlichkeit
Schwebend
Ruhn

Im Angesicht des Todes

Letzte Aufforderung
Sterben
Als Verdichtung
Des Lebens
Zu begreifen
Zwischen Hoffnung
Und Sehnsucht
Begraben
Geworden
Und doch lebendig
Gewesen
Sein

Gehen

Er hatte letzte Zweifel
Gut versorgt
Glaubte sie nachhaltig
Untergebracht zu haben
Hatte sein Mögliches getan
Vor dem Gehenmüssen
Er wollte noch
Länger bleiben

Fürbitte

Wir bitten
Um Gnade
Die aufhilft
Zu verstehen
Dass andere
Anders denken
Anders glauben
Und manche meinen
Nichts zu glauben
Als die Wirklichkeit
Die sie in Händen halten
Und doch nicht begreifen
Können

Grenzgänger

Zigeuner
Am Rande
Des Universums
Nicht wissend
Wie er unter und zwischen
Dem Sternenhimmel
Sein Zuhause finden kann
Ein Fremder
Auf Erden
Wie im Himmel
Grenzgänger dort
Wo das Reich Gottes
Und das der Natur
Zusammenfallen
Wo Friede
Liebe und Heimat
Weilen wollen
Herznah
Inmitten einer
Sternstunde
Erfahrbar
Als Geschenk

Unio Mystica

In den Besitz
Deiner selbst
Gelangen
Um Dich
In Gott
Zu verlieren
Der sich
In Dir
Neu finden
Lässt

Von mir zu Dir

Besitzen
Als besäße
Man nicht
Die Sorge
Um Dich
Befreit von
Der Sorge
Um mich selbst
Auf dem
Rundweg
Von mir
Zu Dir
Von Dir
Zu mir

Ode an die Konsumption

Lasst uns besitzen und genießen
Die Herrenschicht von gestern
Heute nachhaltig beerben
Ohne Übernahme
Von Verantwortung
Herrschen ist angesagt
Ohne zu dienen
Lasst uns mit nichts weniger
Zufrieden sein als
Immer mehr noch
Lasst uns den
Mehrwert des Lebens abschöpfen
Lasst uns über
Unsere Verhältnisse leben
Um dem Recht auf
Leben Nachgeborener
Zu widersprechen
Verleugnen wir
Dass wir die meisten Güter
Nicht benötigen
Bleiben wir treu dem Wahlspruch
Armut Gehorsam und Keuschheit
Dürfen nie mehr sein
Lasst uns baden gehen
Im heilig gesprochenen Wissen
Das uns sintflutartig
Berauscht

Menschenskind

Es ist Dir gesagt Mensch
Was gut ist
Und was der Fortschritt
Von Dir fordert
Ungeahnte
Bedürfnisse entdecken
Nachhaltig
Sich aneigenen
Was andere
Als unverzichtbar
Erkannt
Haben
Wollen
Glauben

Eingeboren

Er stellte sich
Gegen den Tod
Gegen das Widersinnige
Am Ende
Er umarmte fest
Den eingeborenen Leib
Auf der Suche nach
Der Fleisch gewordenen Seele
Er rannte
Um seinen Tod
Wollte im Sterben
Nochmals lebendig sein
Leibseele
Gleichzeitig
Für immer
Ewig beides
Sein

Zeitzeuge sein

Eine Spanne Zeit
Mit der Zeit gehen
Eine geraume Zeitlang
Im Gleichklang takten
Zeitzeugen
Ausfindig machen
Und einspannen
Anzählen
Dein Lebenszeitkonto
Einrichten ausbuchen
Überbuchen abbuchen
Um dann ein
Zeitraubfahnder
Werden wollen
Um aus der Zeit zu treten
Zeit stilllegen
In geschlossene Räume flüchten
Die aufgebrochen werden
Um Zeit zu vergießen
Zeitliches segnen
Wenn es an der Zeit ist
Die Dir bleibt
Die Zeit zu hintergehen
Im Wunsch
Die Endzeit
Los zu sein

Was not tut

Das Strahlen
Von Kinderaugen
Einfangen
Ihr Leuchten
Widerspiegeln
Sich immer wieder neu
Vom Jawort des Lebens
Heimsuchen lassen

Geburt eines Gedichtes

Mit sich und tausend Worten
Alleine einsam sein
Sich anfreunden
An die anderen

Eintrag ins Tagebuch

Zum Schweigen
Verdammt
Zum Umblättern
Gedacht
Zum Verbrennen
Bestimmt
Einfälle
Für Nachgeborene
Festgehalten
Hingesetzte Bilder
Im Rückspiegel
Die Glauben
Machen wollen
Bedeutsam zu sein
Aus Angst
Vergessen zu werden

Eine ganz kurze Zeit

Losgelassen
Aufgenommen
Hingegeben
Schattenwurf
Der das Licht sucht
Der hofft
Seinen Doppelgänger
Zu finden
Geblendet vom Verlangen
Stuntman zu werden
Der den Übersprung wagt
Im Vertrauen und
Anverlobt der Verheißung
Nach Sinn und
Ewigem Leben
Hoffen
Dein Nachlass
Werde vorgehalten
Dir begegnen
Dich erkennen
Im Zwielicht
Das nicht
Verenden soll
Einen Wimpernschlag lang
Sein
Dasein
Gewesensein

Umweg Zukunft

Aber nur halbwegs
Geradeaus
Der Umweg
In die Zukunft
Die Du Dir wünschst
Die vorstellig
Werden möchte
Als Hoffnung
Ohne Widerwillen

Ruhe finden

Eine Handvoll Ruhe finden
Die sich gegen die Faust stemmt
Als ob es kein Ende gäbe
Das Leben verschieben
Wenn es an Gegenwart fehlt
Und das Suchen zerfällt

Erzähle mir eine Geschichte

Erzähle mir eine Geschichte
Aus den Vorläufern
Des ältesten Testaments
Ein Versprechen Gottes
Jenseits des Trostes
Und der Ermahnung
Wo man
Vergeltung üben und
Vorsätzlich glauben müssen
Nicht kennt

Wo der Geist Gottes weht
Weder heilig noch unheilig
Wo der Vater den Sohn
Nicht kreuzigt
Und der Sohn den Bruder
Nicht erschlägt
Um der Mutter und der Kinder Willen

Wo das Bekenntnis
Dass Gott
Sich selber richtet
Nicht erwartet wird

Messias die Erlösung der Welt überdenkend

Es ist furchtbar
In die Hände
Des lebendigen Gottes
Zu fallen
Der wie ein Dieb
In der Nacht kommt
Als Flut
Über die Welt der Gottlosen
Der gläubiger Teufel
Und sündiger Engel
Bedarf

Der Sodom und Gomorrha
Hiroschima und Auschwitz
Nicht verhindern wollte
Oder nicht verhindern kann

Sieh Dich vor
Verbirg Dich
Vor dem Zorn des Lamms
Sollte mein Vater
Ein Rächergott sein
Den ich erlösen muss

Kreuzigung

Suizid Gottes
Versöhnung durch Selbstopfer
Unumstimmbar
Archaisch
Mystisch
Grausam
Erlittene Freiheit
Gottgewollte Hinrichtung
Heilswille
Im lebenspendenden
Vollendeten Tod
Unwiderruflich
Unentbehrlich
Gottverlassener Gott
In gnadenloser Liebe
Versunken

Jagd nach dem Glück

Was an- und umtreibt
Erfüllt und zerbricht
Im Spiegel des Wiedersehens
Mit Dir selbst
Jagd nach dem ewigen Glück
Fortuna lässt sich nicht erjagen
Wartet nicht
Auf den Glücksritter
In Hatz
Am Straßenrand
Wie eine Hure
Auf Abruf bereit
Wissend
Dass ihr Trugbild
Dem Du erliegst
Wirkt

Auf der Suche

Sich sehen
Lassen können
Unter den Augen
Eines anderen
Der Dich beglaubigt
Durch seinen Blick
Ausgeliefert
Bezeugt zu werden
Nicht alleine zu sein
Mit der Sehnsucht
Nach einer Wohnstatt
Wo Heimatlosigkeit
Aufgehoben wäre
Das Bedürfnis nach Ferne
Und Fremdheit
Um nicht
Mit sich selbst
Alleine zu sein
Auf der Suche
Nach dem
Anderswo

Suche nach Zuspruch

Wenn der Vorrat
An Unbekanntem
Das neugierig macht
Zur Neige geht
Mit der Hoffnung
Dass Dein Abgang
Sich heiter
Begrenzen lässt
Unter Verschonung
Deines erträumten Paradieses
Inmitten der
Weltwildnis
Unendeckt
Vom Richtstrahl
Der Angst
Auf der Suche
Nach Zuspruch

Einen Augenblick lang

Vor Augen führen
Umherschweifen
Seitenblicke austeilen
Wie Hiebe oder
Gütig gewährend
Mit Blicken würdigen
Was erkannt werden will
Hinter dem Schleier der Maja
Im Blick des Anderen
Sich spiegeln
Wieder finden
Was verloren ging
Blick der zum Gegenblick zwingt
Zum Himmel schreit
Oder ein Lächeln schenkt
Zwischen Mutter und Kind
Der böse Blick
Dessen Echo nicht verhallt
Der den Tod ruft
Leben heimzuholen
Der tastende Blick
Jüngst verliebter Paare
Heimsuchung durch
Sinnbildende Wunderwelten

Augen-Blicke
Freier Fall
In die Tiefe der Seelen
Mythos Arche Noah
Zu zweit

Zeitenwende

Wenn das Sterben
Nicht mehr seine Zeit hat
Im Leben
Der Tod
Aufgehört hat
Immer wieder umzukommen
In Deiner Welt
Abgetrieben
Zur Unzeit
Ausgesetzt
Entbunden
Von der Zeit
Das neue Leben
In Unverbindlichkeiten
Verstrickt
Zeitenwende
Für den Gevatter
Tod

Überdauern

Innere Fühlungnahme
Mit dem Sein
Selbstverbunden
Zeitlos
Weil immer gegenwärtig
Vergangenes
Das geboren werden will
Nicht unterbinden
Den Sturz in die Abwesenheit
Versammelter Stille
Auffangen
Halt gebieten
Dem sich verbreiternden
Riss letzter Hoffnung
Ahnen
Was die Faszination
Von Ruinen ausmacht
Sterben
Um zu
Überdauern

Mauersegler

Sind wir doch ganz haltverloren
Finden aneinander Weh
Weben schweigend nachgeboren
Unser Federkleid aus Schnee

Unsere Sehnsucht ist ein Kind
Das wir streicheln wiegen tragen
Weil wir Mauersegler sind
Die nach ihrer Heimat fragen

Andacht und Hilfe

Die Würde des Menschen
Ist unantastbar
Die Würde des Menschen
Sei unantastbar
Die Würde der Menschen
Ist nicht mehr tastbar

Die Würde des Menschen
Ist verloren gegangen
Obgleich unverlierbar
Durch Raub von außen
Verloren durch Verlust
Von innen

Menschenwürde teilen
Mit allen Menschen teilen
Das Geheimnis des Teilens
Erfahren und bewahren
Lebenswürde erteilen
Allen Lebewesen
Auch Straßenkindern
Und Haustieren
Gedenken in Würde
Respekt und Andacht
Finden und
Helfen

Leben

Einen Raum betreten
Der einem nie ganz gehört
Eine Hoffnung hegen
Und beantworten
Einen Anspruch erheben
Und einlösen
Ein Gelübde ablegen
Und auferstehen
Von Fall
Zu Fall

Hoffnung

Hoffen
Dabei zu sein
Wenn die Wette
Auf das Leben
Eingelöst wird

Erwartung
Die sich der
Hoffnung beugt

Heimsuchung
Des Glücks
Durch Gnade

Was bleibt

Spuren der Welt
Eingegraben in Haut
Leibeigene Hinterlassenschaften
Faltig furchig und nah
Hautnah
Schmerzend wie eine
Nicht heilende Wunde
Aus der die Seele
Rinnt und erstarrt
Bewegendes Stillestehen
Etwas
Das Dir entschwindet
Entgleitet zwischen Augenblicken
Und Wimpernschlag
Das Glauben machen möchte
Es gäbe etwas
Das bleibt

Hand in Hand

Gutes
Dessen Entdeckung
Und Besitz
Würde gibt
Gewissheit hinterlässt
Paradiese
Unablässiger Freude
Ausgenommen
Hand in Hand
Gehen
Mit der Frage
Nach dem Sinn
Des Lebens
Schwanger werden
Warten
Auf eine ersehnte
Wiedergeburt

Hin und wieder

Sei barmherzig mit Dir
Vergib dem bösen Blick
Den Du auf Dich wirfst
Halte stand
Erkenne
Dass Dein Lächeln
Wunder wirkt
Hin und wieder

Nimm Dich in Deine Arme

Auf dass das Bild
Aufleuchtet
Das Gott von Dir
Gemacht hat
Das am Wegrand
Liegen geblieben ist
Und darauf wartet
Aufgehoben und
Verwandelt zu werden
Nimm Dich in Deine Arme

Auf dem Weg

Pilger
Abseits der Straße
Der Du sprichst
Mit den Steinen
Und mit dem Sand
Der Wüste
Zwiegespräche
Auf Verdacht
Anklagen
Gegen Unbekannt
Sag
Was Dich neugierig macht
Und traurig zugleich

Sind es die
Verlassenen Nistplätze
Der letzten Umherirrenden
Träumer
Oder die Scherben
Eines zerbrochenen
Wasserkrugs
An dem sich
Dein suchender Blick
Bricht

Sag
Was Dich verweilen lässt
In der Nähe des Brutplatzes
Schweigender Töne
Ist es der Hang hin
Zum sich vorbereitenden
Großen Schrei

Aufgebot

Pflanze den Mond
In unseren Garten
Werfe mir lächelnd
Bunte Tage zu
Setze den Eckstein
Für unser neues Zuhaus
Verweile im Schatten
Unserer Bäume
Wo sich im Rauschen
Der Blätter
Abgelebte Stunden versammeln
Zwischen Morgenröte und Aufwind
Am Ende der Flucht
Geteilte Wahrheit
Vereint

Wenn ich mich zu Dir lege

Der Streifen Licht
Am Rande der Hoffnung
Der auf unseren Schatten fällt
Wenn ich mich
Zu Dir lege
Und mein Atem
Die Welt anhält
Wenn wir wildern
Im Garten Eden

Im Wartegau

Schweigen und
Gegenschweigen
Mit zugewandtem Gesicht
Abstand aufbauen
Warten
Bis der angehaltene Atem
In die Knie bricht
Sich wegducken
Unter entlehnten Wörtern
Verweilen
Die Deinen Taufspruch
Stammeln wollen
Zur Ruhe kommen
Mit der Windstille
Segeln
Rufen
Nach Deinem Echo
Hören
Wie es lautlos
Und langsam
Verklingt

30. August 2009, 16.40 Uhr

Im fahrenden Zug
Der langsam
Fast behutsam
Zum Stehen
Kommt
Ohne Grund
Bis zur Durchsage
Unvorhergesehener
Personenschaden

Wann es weitergeht
Offen
Wie es weitergeht für die
Die noch auf ihrem Wege sind
Für die
Die ihn kannten
Und er

Es war eine Notbremsung
Von beiden Seiten
Der Lockführer
Muss ausgetauscht werden
Sein Unterlegener
Nicht austauschbar
Nicht mehr
Erkennbar

Gefangen im Netz

Suche nach ultimativem Sinn
In virtuellen Erfahrungen wildern
Hier und jetzt
Überall bereit
Zu geloben
Alles Lebendige
Kontrollieren zu müssen
Deine persönliche Erfahrung
Als störendes Hintergrundrauschen
Zu begreifen
Sie wegzudimmen
Um nicht Gefahr zu laufen
Doch noch alleine zu sein
Mit Dir selbst

Mit Vorbehalt

Suchen
Entdecken
Verlieren
Wieder finden

Was bleibt
Außer Liebe
Ohne Gewähr
Und Gegenliebe
Der Eintausch
Und Umtausch
Von Suchen
Und Finden

Tarnen
Täuschen
Lügen
Enttarnen
Enttäuschen
Offenbaren

Offenbar werden
Offen werden
Ohne Vorbehalt

Notausgang

Vorurteile
Im Nachhinein
Bestätigen
Selbstverarmung
Anreichern
Den Ausritt hinter
Dem Abgang wagen
Austragen
Den Brief
Ohne Absender
Ohne Adressat

Ewigen Zweifelns
Ping-Pong-Spielen
Schwanger gehn
Mit abgelebten Stunden

Dabei sein
Dem Alleinsein
Kündigen

Von himmlischen
Leibgarden
Gefallener Engel
Umringt und beäugt
Die Hölle heimholen
Angehaucht werden
Von leerem Raum

Eingemeindet
In die Reihen der
Möchtegerngottesmörder
Mit dem Echo

Was manchmal not tut

Der Sehnsucht
Nach Wurzelschlagen
Nachspüren
Inne halten
Unterwegs zum
Außer-Sich-Sein
Für Brot des Lebens
Schlangestehen
Besitztümern
Misstrauen
Glauben
An die Kraft
Von Empathie
Und Liebe
Erliegen
Dem Wunsch
Nach Auferstehung
Nach langem
Freiem Fall

In memoriam

Damals
Als unser Gelöbnis
Geschleift wurde
Zur Zeit der Sonnwende
In die Knie brach
Flucht vollendet
Sich ergab

Damals
Ahnten wir
Einen Wimpernschlag lang
Dass Auferstehung
Nach dem Gang
Ans Kreuz
Geweissagt ist

Fußspuren am Strand

Schneller Abschied
Flüchtigen Glücks
Leichtfüßig ihr Abdruck
Im feuchten Sand
Zwischen Ebbe und Flut
Anzeichen von
Freisein
Einen Pulsschlag lang
Und doch verpflichtet
Den Gezeiten
Zurückzugeben alles
Was entlaufen ist

Lippenbekenntnis

Was Dir mein Mund
Noch hätte erzählen wollen
Zwischen der noch halb offenen Tür
Ungesichert gegen
Vollendeten Mundraub
Und Wahrsage
Zurückgehaltenes Gelöbnis
Immer wieder
Nah zu sein

Rückblick

In der Erinnerung
An vormals
Der Bewahrung
Und Sammlung
Von Leben
Beiwohnen
Dabei sein
Im Rückgriff
Auf Zukunft
Gegenwart
Heimholen

Aus gestern
Morgen
Werden
Lassen

Finden ahnen suchen

Finden
Was uns ahnt
Ahnen
Was uns sucht
Verlieren
Was sich finden lassen will
Erahnen
Was heimsucht
In der Fremde
Um zu wildern

Leibseele

Er spürte ihren Leib
Als sei er das Pfandhaus
Seiner Seele
Und seinen Leib
Als wollte er im Findelhaus
Ihres Körpers
Seine Seele
Wiederfinden

Aufgehoben werden

Deine Aufwartung machen
Dem Ableben gegenüber
Ausbrechen
Aus angebrochenen Stunden
Einbrechen
In das Ungemach
Morgen und Übermorgen
Aufbrechen
Ohne Aufhebens zu machen
Sich fallen lassen
Um aufgehoben zu werden

Für Dich und mich

Vergesse nicht
Dass Du Dich
Erinnern darfst
Unvergessen
Zu bleiben
Für Dich
Und mich

Wer ist der Tod

Dem Leben drei Schritte voraus
Handfest und knöchern
Der Tod
Bleibend in der Vollendung
Letzter Abdruck des Andrucks
Leben
Der Tod
Der sich bedeckt hält
Im Rauschen des Hintergrunds
Der sanft und gediegen aufspielt
Oder mit einem Paukenschlag
Aufwartet
Wenn er sich aus der Deckung wagt
Gierig Ausschau hält
Nach zart zitterndem
Ewig sich wähnendem
Leben
Was ist der Tod
Was muss er sein
Nicht abwählbarer Vorstand
Im Verwaltungsrat
Erneuerbares Leben

Frage

Was gilt
Was galt
Was sollte weiter gelten
Dazwischen
Im Spiegel
Aufkommenden Lichts
Das blendet
Weil fremden Blicken
Ausgesetzt
Was gilt noch weiter
Immer wieder neu
Was hat Bestand
Nach dem Gruß
Einer abgelaufenen
Nachbarschaft
Mit Dir und
Deinesgleichen

Wer weiß

Wer weiß
Ob nicht doch
Die Vergangenheit
Wiedererwacht
Und die Zukunft
Noch einmal anklopft
An Deiner Seelentür
Was zählt ist
Die flatternde Hoffnung
Auf endlos
Die freien Schwingen
Des Augenblicks
Ausgespannt
Zwischen jetzt
Und immerdar

Rückblick auf die Vorschau

In die Quere
Abwegiger Gedanken
Kommen
Sich neu aufstellen
Zur Abrechnung
Antreten
Zu allererst und guter Letzt
Das Ziel vor Augen
Nachhaltig nachzufolgen
Dem was nicht ankommen kann
Weil Vorschau
Im Rückblick
Endet

Vom Glauben weise zu sein

Immer das letzte Wort
Haben müssen
Es so leise flüstern
Dass niemand es hört

Die Frage der Zugehörigkeit

Zu wem gehört
Der Leib des Lebens
Der den Urheber
Des Todes
Geboren hat
Wer nennt
Die prallen Brüste
Sein eigen
An welchen von Anbeginn an
Das Leben
Immer wieder neu gestillt
Und der Tod
Endlos gesättigt
Werden möchte

Schreiben

Sich erdenken
Um sich zu entkommen
Sich erfinden
Um sich wiederzuentdecken
Beim Suchen einfangen
Was entlaufen ist

Inhalt

© 2012 Klöpfer und Meyer, Tübingen.
Alle Rechte vorbehalten.
ISBN 978-3-86351-032-9

Umschlaggestaltung, unter Verwendung einer Fotomontage
von Gunther Klosinski:
Christiane Hemmerich Konzeption und Gestaltung, Tübingen.
Herstellung: Horst Schmid, Mössingen.
Satz: CompArt, Mössingen.
Druck und Einband: Pustet, Regensburg.

Mehr über das Verlagsprogramm von Klöpfer&Meyer
finden Sie unter *www.kloepfer-meyer.de*